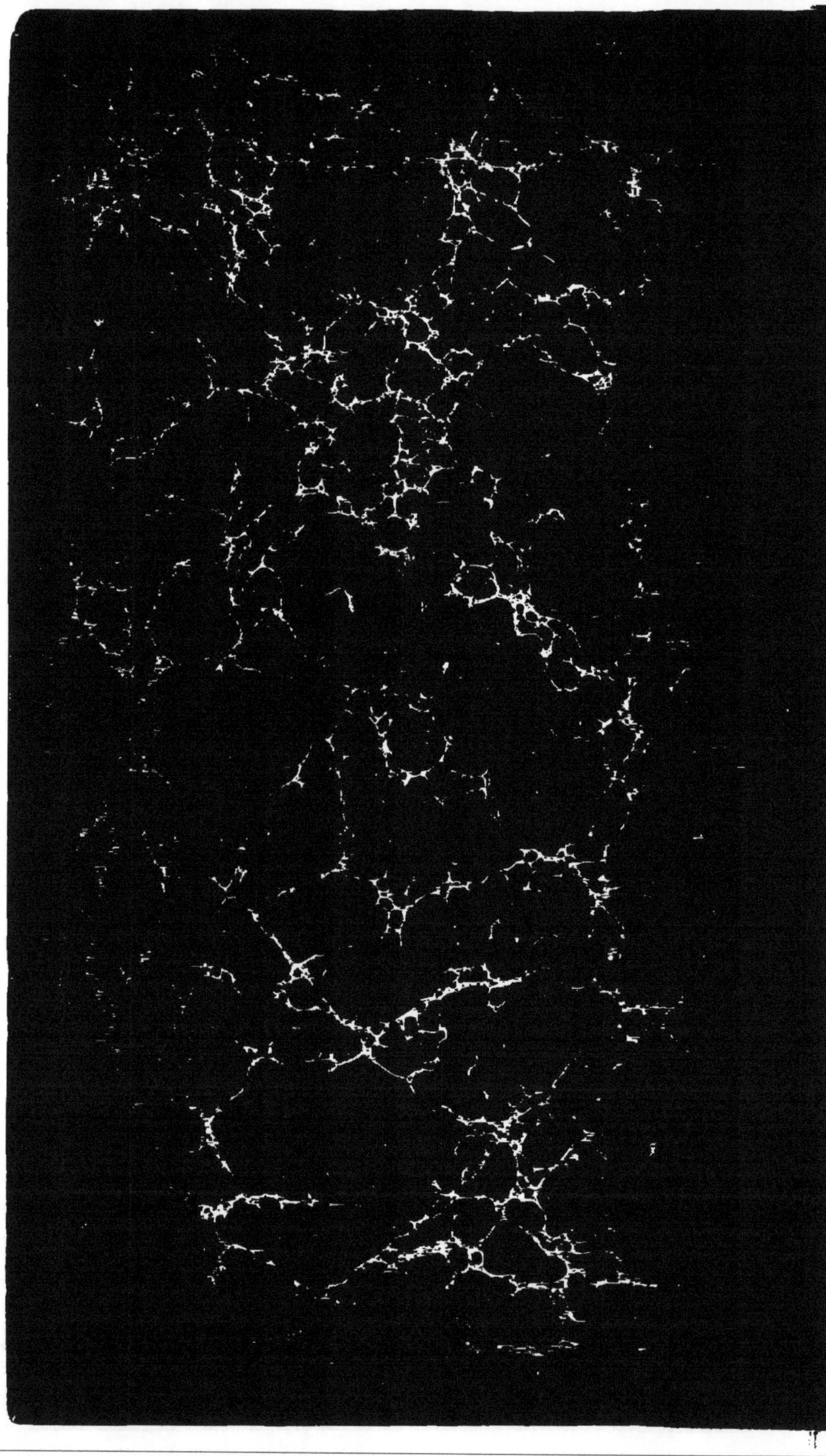

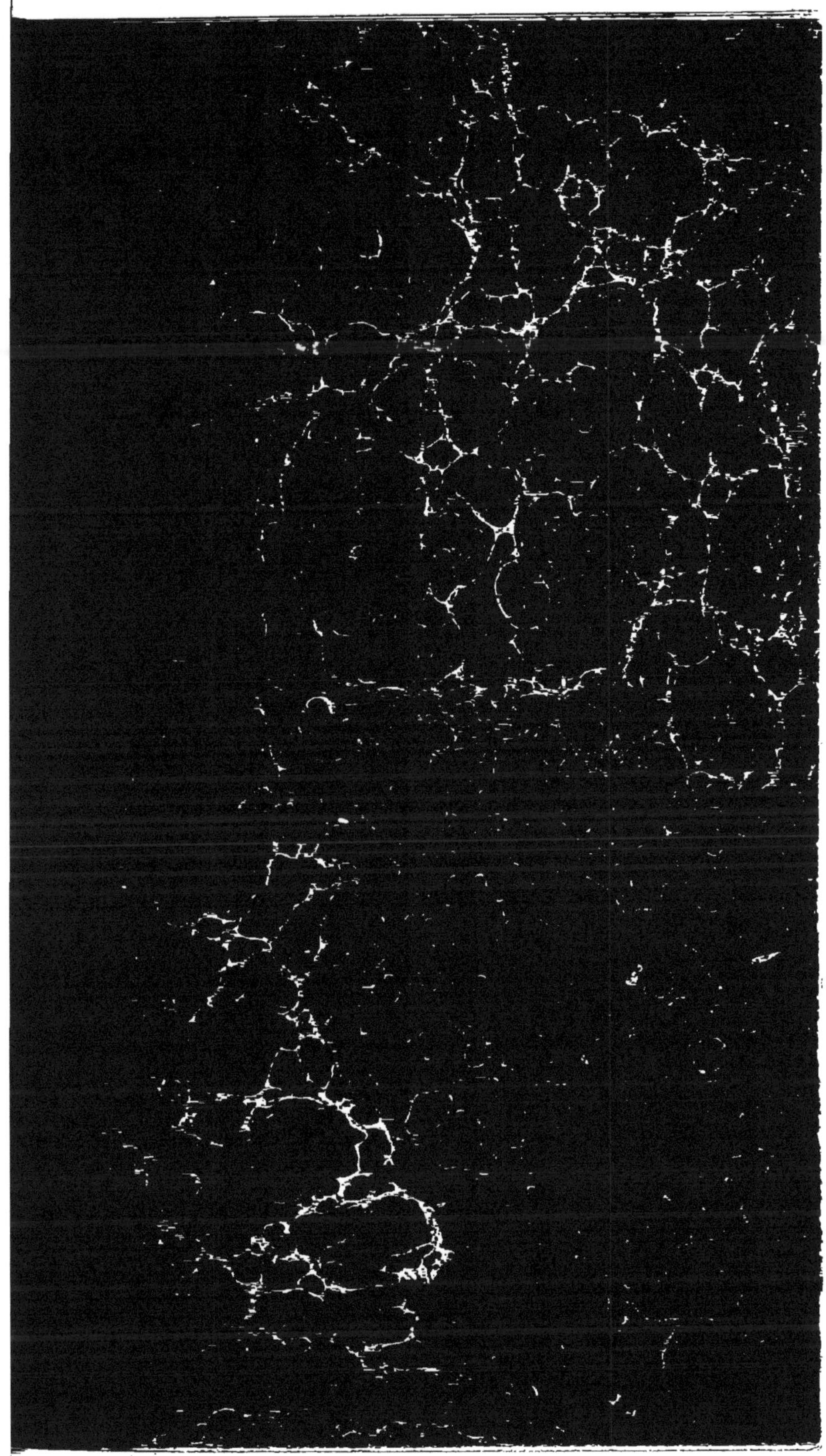

ILLUSTRATIONS DE
PARIS
EN
1848
SUFFRAGE UNIVERSEL
SECOURS AUX BLESSES
P COPPIN

INDICATION DES GRAVURES

Louis-Napoléon-Bonaparte, président de la République Française. 1
Attaque du poste de la garde municipale. 2
Pillage d'armes chez Lepage. 3
Fusillade du Boulevard des Capucines. 4
Promenade nocturne du tombereau funèbre. 5
Attaque du poste du Château-d'Eau. 6
Le départ du roi et de sa famille. 7
Le trône brûlé par le peuple. 8
Le Christ aux Tuileries. 9
Le peuple à la Chambre des Députés. 10
Gouvernement provisoire. 11, 12, 13
Cérémonie funèbre des victimes de Février. 14
Plantation des arbres de la liberté. 15
Distribution des drapeaux. 16
Proclamation de la République. 17
Invasion de l'Assemblée nationale. 18
Arrestation de Barbès. 19
Attaque de la barricade de la porte St-Denis. 20
Le général Cavaignac, chef du pouvoir exécutif. 21
Barricades du Petit-Pont et de la rue de la Huchette. 22
Attaque du Panthéon. 23
Assassinat du général de Bréa. 24
Trait de bravoure d'un garde mobile. 25
Dévouement de Mgr l'Archevêque de Paris. 26
Mort du général Négrier. 27
Mort de Mgr l'Archevêque de Paris. 28
Funérailles des victimes de Juin. 29
Funérailles de Mgr l'Archevêque de Paris. 30
Un départ de transportés. 31
Une séance d'un conseil de guerre. 32

Louis-Napoléon Bonaparte.

LOUIS-NAPOLÉON BONAPARTE,

PRÉSIDENT DE LA RÉPUBLIQUE FRANÇAISE.

La voix du peuple est la voix de Dieu ! Cette voix, si ardemment désirée, si impatiemment attendue, vient de se faire entendre. L'héritier d'un grand nom, l'héritier d'une grande gloire vient d'être appelé, par le suffrage presque unanime de la France, à consolider l'établissement de la République, à la guider dans cette route inconnue du progrès humain que nos pères ont abandonnée, éblouis par le prestige des conquêtes, mais que, plus sages, plus éclairés, nous saurons léguer, belle et glorieuse, à nos enfants. Nous avons commencé, nous continuerons à raconter l'histoire de ces grands et terribles jours qui ont fait de la France monarchique, au prix de bien des souffrances, une France républicaine ; aujourd'hui, nous bornons notre tâche à esquisser les principales scènes de ces drames dont la sagesse de l'élu de la nation, espérons-le, saura tirer un dénoûment favorable à la gloire et à la prospérité de la France.

ATTAQUE DU POSTE DE LA GARDE MUNICIPALE

AU CARRÉ MARIGNY (CHAMPS ÉLYSÉES.)

Le besoin d'une réforme électorale était depuis longtemps senti en France. Cependant, la Chambre des députés, saisie de propositions à cet égard, les avait toujours repoussées. La réforme, vaincue à la tribune, se réfugia dans les banquets : il s'en organisa par toute la France. L'agitation qu'ils produisirent effraya le pouvoir; il résolut de les défendre.

Des électeurs du XIIe arrondissement avaient projeté un banquet pour le 22 février; le 21 au soir, le Préfet de police rendit et fit afficher une ordonnance qui l'interdisait. Les organisateurs du banquet avaient choisi la place de la Madeleine comme lieu de rendez-vous. Le 22, dès le matin, malgré les prohibitions de la police, une foule nombreuse couvrait la place et les rues adjacentes. Bientôt elle se porta vers la place de la Concorde et la Chambre des députés. Calme d'abord, elle ne tarda pas à révéler ses intentions hostiles. Forte de l'attitude et des dispositions pacifiques de la troupe, elle attaqua, elle désarma tous les petits postes des Champs-Élysées. Le poste des gardes municipaux du grand carré Marigny fut assiégé à son tour; les chaises et les bancs des promenades servirent à allumer un vaste incendie qui les enveloppa dans un cercle de feu et de fumée, auquel ils n'échappèrent que par la fuite, au milieu d'une grêle de pierres qui pleuvaient sur eux de toutes parts.

Attaque du poste de la garde municipale au carré Marigny (Champs-Élysées).

Enlèvement d'armes chez Lepage, armurier

PILLAGE D'ARMES CHEZ LEPAGE,

ARQUEBUSIER.

Les rues larges et ouvertes qui avoisinent la place de la Concorde n'offraient pas un terrain favorable à l'émeute; elle rétrograda vers le centre de Paris. Dans sa retraite elle cherche à élever des barricades; mais la troupe les renverse aussitôt. Son premier, son plus pressant besoin, c'est de se procurer des armes. Elle enfonce, elle pille les boutiques d'armuriers qu'elle rencontre sur son passage. Le magasin Lepage, rue Richelieu, tente sa cupidité. Le timon d'un omnibus lui sert de levier pour se pratiquer une ouverture; la porte, les volets, inutilement protégés par des plaques de tôle, ploient sous la main puissante de la multitude. Des lames de sabre, des fusils de chasse, des pistolets de prix sont enlevés. Les soldats de la ligne qui occupent le poste du péristyle Montpensier assistent impassibles à ce pillage. Il ne cesse que par l'intervention d'un détachement de dragons, qui accourt de la place du Carrousel, et à l'approche duquel le groupe perturbateur, composé en grande partie de gamins de 12 à 15 ans, se disperse dans toutes les directions.

FUSILLADE DU BOULEVARD DES CAPUCINES,

DANS LA SOIRÉE DU 23 FÉVRIER.

Ces scènes de désordre répandirent bientôt l'alarme et l'agitation dans toute la cité. La garde nationale, partiellement convoquée, montra d'abord peu de zèle pour le rétablissement de l'ordre ; puis, le lendemain, elle joignit sa voix aux voix qui réclamaient la réforme. La force morale manquait au gouvernement ; l'armée, sortie du peuple, hésitait entre ses devoirs de militaire et ceux de citoyen ; le ministère résigna ses pouvoirs.

Cette retraite était une victoire pour l'opposition ; tout incomplète qu'elle fût, elle rassura les esprits ; la joie du triomphe était dans tous les cœurs ; Paris, dans la soirée, s'illumina comme pour un jour de fête.

Mais ce triomphe de la nation, c'était la défaite des partis ; ils cherchèrent à ranimer la lutte. Vers dix heures, une colonne d'hommes du peuple, précédée d'un drapeau rouge, descend les boulevards et vient se heurter à une ligne de soldats rangés sur la chaussée, en avant du ministère des affaires étrangères. L'homme qui porte le drapeau s'approche du commandant ; un coup de feu part ; le cheval de l'officier, blessé, se cabre ; le carré s'ouvre ; les fusils s'élèvent, s'abaissent, une ligne de feu déchire l'air ; l'épaisse muraille de spectateurs chancelle et tombe ; le sang de 63 victimes rougit et inonde les pavés de la chaussée ou l'asphalte des trottoirs.

Fusillade du boulevard des Capucines dans la soirée du 25 février.

Promenade nocturne du tombereau funèbre.

PROMENADE NOCTURNE DU TOMBEREAU FUNÈBRE.

Cette catastrophe, cette mystérieuse horreur changent en cris de vengeance, d'appel aux armes, les chants de triomphe. La colonne populaire, rompue, brisée par la décharge, s'empresse de revenir sur le lieu du carnage. Elle amène avec elle un tombereau dans lequel elle jette pêle-mêle une douzaine de cadavres; puis le lugubre, le terrible cortége s'achemine vers les bureaux du *National* et de la *Réforme*, au milieu des imprécations de la foule. La lueur blafarde des torches éclaire d'une teinte sombre les cadavres gisants dans le tombereau. Des accents de fureur accompagnent sa marche : « Ce sont des assassins qui les ont frappés! Nous les vengerons! Donnez-nous des armes! » Tels sont les cris qui éclatent partout sur son passage, et qui trouvent de l'écho dans tous les cœurs.

Cet appel à la vengeance a été entendu. Toute la nuit est employée à construire des barricades. La fusillade éclate sur plusieurs points; les cloches s'ébranlent; le tocsin sonne; son glas funèbre, porté par les rafales, va jeter la terreur et l'effroi jusque dans la demeure royale!

ATTAQUE DU POSTE DU CHATEAU D'EAU,

SUR LA PLACE DU PALAIS-ROYAL.

Le lendemain, c'était la guerre, une guerre sacrilége, où les balles françaises iraient frapper des poitrines françaises. En vain, la royauté se sera humiliée devant les vœux et les exigences populaires, l'arrêt prononcé contre elle dans les conseils de l'insurrection recevra son exécution : les ministères Thiers, Odilon-Barrot disparaîtront renversés par le souffle de l'émeute. Déjà le combat qui s'approche fait retentir les vitres des Tuileries. Une centaine d'hommes, renfermés au poste du Château-d'Eau, s'efforcent inutilement d'arrêter le torrent populaire; chaque rue vomit contre eux une nuée de combattants. Cependant leur courage croît en raison du nombre de leurs ennemis. En vain de braves citoyens, des officiers généraux tentent d'amener une conciliation; en vain un dévorant incendie, qu'alimentent les voitures de la cour et les débris des meubles du Palais-Royal, les poursuit jusque dans les recoins de leur forteresse : derrière la fumée qui les aveugle, derrière la flamme qui les brûle, ils tirent encore, ils tirent toujours! Enfin, les coups de feu cessent; les braves que la mort a épargnés ont fui un à un par la rue du Musée; les ruines de l'incendie ne recouvriront que des cadavres!

Attaque du poste du château d'Eau sur la place du Palais-Royal.

Le départ du Roi et de sa famille.

LE DÉPART DU ROI ET DE SA FAMILLE.

Pendant que des bandits sèment le pillage et la dévastation dans les appartements du Palais-Royal, pendant que quelques-uns, parmi les vainqueurs, relèvent les morts, secourent les blessés, un plus grand nombre se portent vers les Tuileries, vers le siége de la royauté. Mais le roi n'avait pas attendu l'émeute; il avait reculé devant les flots de sang qu'eût coûtés la victoire. Après avoir écrit lentement, tristement, ces mots :

« *J'abdique en faveur de mon petit-fils le comte de* « *Paris. Je désire qu'il soit plus heureux que moi* »,

il avait quitté ces Tuileries, témoins, en trente ans, de la fuite de trois dynasties. Accompagné de la reine, sa compagne fidèle, de deux princesses, de leurs enfants, il avait gagné, à travers une haie de soldats et de gardes nationaux, les voitures qui l'entraînèrent vers l'exil.

Quelques jours plus tard, le roi fugitif, après avoir erré sur le rivage de la mer, chassé par la tempête du peuple, repoussé par la tempête du ciel, put enfin trouver une misérable barque qui le porta sur le sol hospitalier de l'Angleterre.

Il avait emporté la royauté dans sa fuite.

LE TRONE BRULÉ PAR LE PEUPLE.

La duchesse d'Orléans et le jeune Roi, le duc de Nemours étaient restés aux Tuileries, après le départ du roi. Le combat continuait au Château-d'Eau. Un lieutenant de la garde nationale s'approche du duc de Nemours ; il l'invite, pour éviter l'effusion du sang, à livrer les Tuileries à la garde nationale ; le prince consent ; l'ordre de la retraite est donné. Alors la foule se précipite dans le château. Elle passe comme un coup de tonnerre, foudroyant, renversant tout sur son passage. Les lambris, les glaces, les vases, les tentures, les lustres, les tapis, elle les brise ou les déchire. Pour le peuple, tout ce décor est la royauté extérieure ; il détruit l'idée dans la chose. Le trône surtout attire la colère de ses vengeances. Il le foule, il le salit sous ses pieds couverts de la boue de la rue ; puis il l'emporte en triomphe, le promène sur les boulevards au son des tambours battant la charge, et vient le brûler joyeusement au pied de la colonne de Juillet, aux cris de : *Vive la République !*

Le trône brûlé par le peuple.

Le Christ aux Tuileries.

LE CHRIST AUX TUILERIES.

Pourtant la dévastation s'arrêta devant certains souvenirs. La duchesse d'Orléans, étrangère à la politique royale, n'était connue du peuple que par ses bienfaits ; ses appartements sont respectés : une sentinelle, placée à la porte, arrête le torrent populaire. Les portraits de la reine, de la duchesse d'Orléans, du prince de Joinville sont épargnés dans la destruction des portraits de la famille royale. On trouve dans la chapelle de la reine un Christ magnifiquement sculpté; un ouvrier s'en saisit. « Mes amis, dit un élève de l'École, c'est notre maître à tous ! » Et ces hommes, émus, attendris, s'arrêtent et saluent avec respect l'image du Sauveur. Le Christ est porté solennellement à l'église Saint-Roch.

Il faut, d'ailleurs, rendre cette justice au peuple, que, dans ses excès, il n'avait cru exercer que les droits du vainqueur. Le premier élan de sa colère passé, il fait prompte et terrible justice des pillards qui se sont glissés dans ses rangs à la faveur du désordre. Il les fusille, avec cet écriteau sur la poitrine : *Mort aux voleurs !*

LE PEUPLE A LA CHAMBRE DES DÉPUTÉS,

LE 24 FÉVRIER.

Le jeune Roi et la future régente s'étaient dirigés vers la Chambre des députés. Les acclamations les plus vives les accueillirent à leur arrivée. Cependant, au milieu des graves embarras de la situation, il parut à quelques-uns que le pouvoir du jeune roi ne serait pas assez fort pour la dominer, et la demande d'un gouvernement provisoire fut portée à la tribune. En vain M. Barrot chercha à retenir sur la tête d'une femme et d'un enfant, comme il le dit lui-même, la couronne de Juillet. Bientôt, la princesse et son fils furent rejetés hors de l'enceinte de la Chambre envahie par une foule d'hommes armés, réclamant à grands cris la déchéance de la Royauté. Ils arrivaient enivrés de l'odeur de la poudre et de la fureur du combat. M. de Lamartine, qui était venu appuyer la demande d'un gouvernement provisoire, occupait la tribune; le canon d'un fusil fut dirigé sur lui; les cris : « Ne tirez pas! ne tirez pas! c'est M. de Lamartine qui parle!» retentirent avec force. L'arme fut relevée, et M. de Lamartine continua son discours.

Le peuple à la Chambre des Députés, le 24 février.
M. de Lamartine à la tribune.

Lamartine.

GOUVERNEMENT PROVISOIRE.

M. le président Sauzet avait abandonné le fauteuil; la plus grande partie des députés avaient quitté la salle; mais, en leur absence, le peuple, armé de fusils et de sabres, des gardes nationaux, un certain nombre de députés de la gauche, s'étaient arrogé le droit de représenter la nation. M. de Lamartine avait dit :

« Je demande que l'on constitue à l'instant, du droit « de la paix publique, du droit du sang qui coule, du « droit du peuple qui peut être affamé du glorieux « travail qu'il accomplit depuis trois jours, je demande « que l'on constitue un gouvernement provisoire. » Cette demande avait été accueillie par des applaudissements prolongés.

M. de Lamartine, le grand poëte, le grand écrivain, vit sortir son nom le premier de l'urne populaire. Deux mois plus tard deux millions de suffrages confirmèrent le choix de la révolution. Le souvenir des services de M. de Lamartine est encore dans tous les cœurs.

GOUVERNEMENT PROVISOIRE.

M. Dupont de l'Eure fut appelé à la présidence du Gouvernement provisoire. Quatre-vingts années d'une vie honorée lui donnaient le droit d'être placé à la tête d'un pouvoir républicain.

Furent encore appelés à ce redoutable honneur :

M. F. Arago, auquel ses travaux scientifiques ont mérité l'admiration du monde entier, et qui a justifié par sa fermeté tout ce que la France attendait de lui.

M. Garnier-Pagès, qui fut surtout redevable de cette haute position à la mémoire de son frère, et qui contribua à maintenir la République dans les voies de la modération.

M. Crémieux, avocat célèbre, qui avait toujours parlé, agi et voté avec l'opposition.

M. Marie, ancien bâtonnier de l'ordre des avocats de Paris. C'est M. Marie qui avait, le matin, à la Chambre des députés, porté le premier coup à la régence.

Dupont (de l'Eure). F. Arago.

Garnier-Pagès. Crémieux. Marie.

Ledru-Rollin. Louis Blanc.

Armand Marrast. Albert. F. Flocon.

GOUVERNEMENT PROVISOIRE.

Nommons encore M. Ledru-Rollin, le fougueux tribun des banquets réformistes, dont les circulaires, comme ministre de l'intérieur, ont soulevé si vivement l'opinion publique.

Les sept membres que nous venons de désigner composèrent le Gouvernement issu de la Chambre; mais lorsqu'ils arrivèrent à l'Hôtel-de-Ville, grande fut leur surprise de se trouver en présence d'un gouvernement qui fonctionnait déjà, et dont faisaient partie :

M. Armand Marrast, ancien rédacteur de la *Tribune* et du *National*.

M. Louis Blanc, qui ne devait sa réputation qu'à des ouvrages très-diversement appréciés.

M. Albert, ancien rédacteur d'un journal de Lyon, la *Glaneuse*, l'un des fondateurs du journal l'*Atelier*, et qui voulait passer pour ouvrier quand même.

M. F. Flocon, rédacteur de la *Réforme*, grand agitateur aux banquets réformistes, mêlé à tous les complots du dernier règne.

Ces quatre membres ne furent d'abord acceptés que comme secrétaires; mais ils furent bientôt admis à partager tous les honneurs du pouvoir.

CÉRÉMONIE FUNÈBRE DES VICTIMES

DE FÉVRIER.

A peine le Gouvernement provisoire fut-il établi à l'Hôtel-de-Ville et eut-il reconstitué le pouvoir, qu'il s'occupa de rendre les derniers honneurs aux victimes des 23 et 24 février. C'était à l'église de la Madeleine que le service devait être célébré. L'église était toute tendue de noir à l'intérieur et à l'extérieur.

Après la cérémonie religieuse, le cortége funèbre se dirigea vers la colonne de Juillet, dans les caveaux de laquelle les cercueils devaient être déposés. A la suite des divers corps armés et de nombreuses députations, on remarquait un char magnifique traîné par huit chevaux richement caparaçonnés, et sur lequel était placé le symbole de la République, au milieu de faisceaux et de drapeaux tricolores.

Le cortége arriva sans encombre à la place de la Bastille aux cris de : *Vive la République!* aux chants de la *Marseillaise* et des *Girondins*, et aux symphonies de la musique de la garde nationale et des régiments de ligne.

Quand on aperçut le clergé qui précédait le char mortuaire, les troupes présentèrent les armes; les cercueils furent ensuite descendus dans les caveaux de la colonne.

Cérémonie funèbre des victimes de février.

Plantation de l'arbre de la liberté sur la place de l'Hôtel-de-Ville.

PLANTATION DE L'ARBRE DE LA LIBERTÉ

SUR LA PLACE DE L'HOTEL-DE-VILLE.

La première République avait eu ses arbres de la liberté ; celle-ci ne voulut pas demeurer en arrière de son aînée. D'ailleurs, il fallait cette distraction aux longues journées de paresse des ouvriers des ateliers nationaux. Le Gros-Caillou donna, au Champ-de-Mars, l'exemple de ces sortes de plantations. Moins de quinze jours après, chaque place, chaque carrefour, chaque rue presque, étaient ornés d'un ou de plusieurs arbres de la liberté. Le 25 mars, une cérémonie de cette nature eut lieu sur la place de l'Hôtel-de-Ville. On planta un arbre de la liberté à l'endroit où périrent les quatre sergents, Raoulx, Pommier, Goubin et Bories, connus sous le nom de *Sergents de la Rochelle*. M. le curé de Saint-Gervais, après avoir jeté l'eau sainte sur l'arbre symbolique, prononça une allocution touchante, écoutée avec un profond recueillement.

Chaque plantation d'arbre était précédée ou suivie d'une collecte faite dans le quartier par les planteurs. Des coups de fusil, des feux d'artifices, des illuminations accompagnaient ces cérémonies, que les abus qui en furent la suite firent bientôt défendre.

DISTRIBUTION DES DRAPEAUX

A LA GARDE NATIONALE ET A L'ARMÉE.

Les élections de la garde nationale étaient terminées; trois cent mille Français armés venaient de choisir leurs chefs. Il fut résolu qu'une revue générale de la garde nationale et de l'armée aurait lieu le 20 avril, et que chaque corps recevrait le nouveau drapeau aux couleurs républicaines.

Dès six heures, le rappel bat dans tous les quartiers de Paris. A neuf heures, les légions de la garde nationale, les régiments de ligne occupent leurs places de bataille. A dix heures, le Gouvernement provisoire, les ministres, le conseil d'État, les députations, les Cours de cassation, des comptes, d'appel, les généraux de toutes armes sont réunis sur l'estrade élevée en avant de l'arc de triomphe de l'Étoile. Le défilé commence par les légions de la banlieue, et tour à tour, aux cris mille fois répétés de *Vive la République!* chaque bataillon, chaque régiment vient recevoir l'étendard qu'il jure de défendre.

Pendant quatorze heures les troupes défilèrent. La nuit était close depuis longtemps, que des légions traversaient encore les Champs-Élysées. Malgré l'encombrement de ces masses d'hommes armés, l'ordre ne fut pas un seul instant troublé. Cette fête fut appelée avec raison la fête de la Fraternité; elle fut la plus belle de toutes celles qu'inaugura le Gouvernement provisoire.

Distribution des drapeaux à la garde nationale et à l'armée.

PROCLAMATION DE LA RÉPUBLIQUE

PAR L'ASSEMBLÉE NATIONALE.

Parmi les hommes que la Révolution de Février avait portés au pouvoir, quelques-uns, et c'était le plus grand nombre, qui l'avaient accepté par dévouement, n'avaient rien de plus pressé que d'en restituer l'exercice aux représentants de la nation librement élus. Les élections pour l'Assemblée nationale, fixées par un décret au 9 avril, avaient été reportées au 23 avril; le 4 mai, la France révolutionnaire, la France républicaine, se réunit, en la personne de ses représentants, dans la nouvelle salle des séances, adossée au palais de l'ancienne Chambre des députés.

Lorsque la séance fut ouverte, et après quelques vérifications de pouvoirs, l'Assemblée nationale, précédée de son président et des membres du Gouvernement provisoire, se transporta sur les marches du péristyle qui fait face au pont de la Concorde. Là, en présence de la foule immense qui couvrait les quais, le pont et tous les abords du palais, M. Audry de Puyraveau, président d'âge, lut la proclamation suivante : « L'Assemblée nationale, fidèle interprète des sentiments du pays qui vient de la nommer, déclare, avant de commencer ses travaux, au nom du peuple, et à la face du monde entier, que la République, proclamée le 24 février, est et restera toujours la forme du gouvernement de la France. »

INVASION DE L'ASSEMBLÉE NATIONALE

LE 15 MAI.

L'immense majorité de la nation avait accepté la République. Les répugnances, les souvenirs, les regrets, tout s'était soumis devant l'impérieux devoir de donner force à la forme de gouvernement sortie de la tempête de Février. Mais du sein même du pouvoir étaient sorties ces paroles anarchiques : « Les élections, si elles « ne font pas triompher la vérité sociale, si elles sont « l'expression des intérêts d'une caste arrachée à la « confiante loyauté du peuple, les élections qui de- « vaient être le salut de la République, seront sa perte, « il n'en faut pas douter. Il n'y a alors qu'une voie de « salut pour le peuple qui a fait les barricades ; ce se- « rait de manifester une seconde fois sa volonté, et « d'ajourner les décisions d'une fausse représentation « nationale. » Ce peuple qui avait fait les barricades, qui aurait voulu confisquer la France au profit de ses idées subversives, ce peuple-là, quand le suffrage universel lui eut été contraire, tenta de substituer la tyrannie de la violence à la force du droit.

Le 15 mai, à la suite d'une démonstration dont la Pologne était le prétexte, l'Assemblée nationale, trahie, abandonnée, vit son enceinte violée, ses membres dispersés par une multitude furieuse. Le président d'un club, le citoyen Huber, de la tribune même de l'Assemblée nationale, osa dire ces paroles : « Au nom du peu- « ple, l'Assemblée nationale est dissoute. »

Invasion de l'Assemblée nationale le 15 mai.

Arrestation de Barbès à l'Hôtel de Ville

ARRESTATION DE BARBÈS

A L'HOTEL-DE-VILLE.

L'Assemblée nationale dissoute, l'émeute, guidée par le souvenir des événements de Février, s'occupe de nommer un gouvernement provisoire. MM. Barbès, Albert, Raspail, Huber, Louis Blanc, Ledru-Rollin, Caussidière sont désignés pour en faire partie. Barbès et Albert, à la tête de quelques centaines d'hommes, se dirigent vers l'Hôtel-de-Ville ; les grilles sont forcées ; les factieux pénètrent dans les salles du premier étage, et jettent à la foule des papiers imprimés qui contiennent la liste des membres du nouveau gouvernement provisoire.

Mais la garde nationale et la garde mobile étaient venues occuper la place ; des cris énergiques et unanimes de réprobation partent de leurs rangs ; un bataillon de la garde nationale envahit l'Hôtel-de-Ville ; les factieux fuient dans toutes les directions. M. Barbès est reconnu et immédiatement arrêté.

Pendant ce temps, les envahisseurs avaient été expulsés du palais de l'Assemblée, et les représentants, un instant dispersés, sous la protection de la garde nationale étaient rentrés dans le lieu de leurs séances. Le rappel battu dans tout Paris avait fait descendre dans la rue des milliers de citoyens résolus à défendre énergiquement le pouvoir, et le Gouvernement, fort de cet immense concours, présenta à l'Assemblée une demande en autorisation de poursuites contre MM. Barbès et Albert. Au moment où nous écrivons, ils attendent encore, avec leurs complices, le jugement de la nation.

ATTAQUE DE LA BARRICADE

DE LA PORTE SAINT-DENIS.

L'émeute était vaincue; elle avait perdu ses principaux chefs; mais toujours les minorités sont audacieuses; elles trouvèrent bientôt l'occasion de tenter une terrible revanche.

La dissolution des ateliers nationaux, les prédications des clubs avaient jeté des ferments d'irritation dans le peuple et préparé les esprits à la guerre. Les moins clairvoyants, les moins habiles s'attendaient à une explosion prochaine. Le 23 juin, au soir, de longues processions d'ouvriers sillonnèrent les faubourgs avec ce sinistre refrain : *Du pain ou du plomb! du plomb ou du pain!* Dans la nuit, de nombreuses barricades s'élevèrent en beaucoup d'endroits.

Vers dix heures, le 23, on commença à construire des barricades à la porte Saint-Martin et à la porte Saint-Denis; une compagnie de la 2e légion se présente à la porte Saint-Denis ; elle est accueillie par une fusillade partie de la barricade et des maisons voisines. Un bataillon de la même légion vient la soutenir; un détachement de la 3e légion débouche également par la rue Mazagran. Le combat devient plus vif, et ce n'est qu'après une demi-heure de lutte acharnée que la barricade est abandonnée par ses défenseurs.

Quinze cadavres jonchent le sol. Un triste épisode signala ce premier engagement : un garde national de la 3e légion, qui emportait dans ses bras son fils déjà blessé, M. Leclerc, essuya une nouvelle décharge. Son fils fut tué, et lui-même blessé.

La bataille s'engage sur tous les points de Paris.

Attaque de la barricade de la porte Saint-Denis.

Le général Cavaignac.

LE GÉNÉRAL CAVAIGNAC,

CHEF DU POUVOIR EXÉCUTIF.

La journée du 23 se passa sans résultats importants. Les insurgés, délogés de quelques-unes de leurs positions, purent les reprendre presque toutes à la faveur de l'obscurité, et les fortifier pour un nouveau combat.

Les forces dont disposait l'insurrection étaient formidables; elles se divisaient en quatre corps principaux de 5,000 à 6,000 hommes chacun. Le premier occupait toute la rue Saint-Jacques, la rue de la Cité et les abords du pont Saint-Michel; une autre colonne tenait la rue Saint-Victor, la place Maubert et le pont de l'Hôtel-Dieu.

Sur la rive droite, la troisième colonne entretenait le combat depuis le faubourg Poissonnière jusqu'à celui du Temple, cherchant à s'avancer de ces extrémités jusque vers le centre de Paris. Le combat, précipitamment engagé aux portes Saint-Denis et Saint-Martin, dérangea toutes les opérations, et contribua ainsi pour beaucoup à la victoire de l'ordre.

La quatrième masse d'insurgés avait pour point d'appui une gigantesque barricade élevée à la place de la Bastille, et occupait, à l'autre bout de la rue Saint-Antoine, l'église Saint-Gervais, derrière l'Hôtel-de-Ville.

Ce n'était plus une émeute à réprimer, c'était une bataille à soutenir; un décret de l'Assemblée nationale concentra tous les pouvoirs exécutifs entre les mains du général Cavaignac.

BARRICADES DU PETIT-PONT

ET DE LA RUE DE LA HUCHETTE.

Le canon et la fusillade n'avaient cessé de se faire entendre pendant la journée et la soirée du 23, dans la Cité et le quartier Saint-Jacques. Le général Bedeau était parvenu à dégager les quais Saint-Michel et du Petit-Pont, et l'entrée des rues Saint-Jacques et de la Harpe. Mais au prix de quelles pertes! Une compagnie presque entière de la garde républicaine avait été foudroyée dans la Cité entre deux barricades. Au pont Saint Michel, un chef de bataillon de la XIe légion, M. François Masson, était tombé frappé d'une balle au front. M. le général Bedeau avait lui-même reçu à la cuisse une blessure grave, ouvrant ainsi cette trop longue liste d'officiers-généraux tués ou blessés pendant ces tristes journées.

Le 24, le général Duvivier a remplacé dans le commandement du centre le général Bedeau, blessé la veille. Les insurgés, débusqués de toutes leurs positions dans la Cité, se retirent par le pont de l'Hôtel-Dieu et engagent sur les quais, dans la rue de la Huchette, un nouveau combat. Le canon les balaie; ils se replient sur la place Maubert, reprennent l'offensive, à l'aide de renforts qu'ils reçoivent, et sont enfin chassés, de position en position, jusqu'au fond du faubourg Saint-Marceau.

Attaque de la barricade du Petit-Pont (rue de la Huchette).

Attaque du Panthéon.

ATTAQUE DU PANTHÉON.

Le Panthéon, quartier-général des insurgés sur la rive gauche, succombait en même temps. La veille, M. Arago avait intrépidement marché contre les barricades de ce quartier; mais il avait dû battre en retraite devant les insurgés, en l'absence de forces suffisantes.

Quinze cents combattants s'étaient retranchés dans l'intérieur de l'édifice. Pendant une heure et demie les boulets ébranlèrent le portail de bronze du monument. Quand la brèche fut suffisante, la garde mobile et la troupe de ligne s'y précipitèrent tête baissée, malgré une grêle de balles. Une partie des insurgés mit bas les armes; une autre partie parvint à se loger dans les bâtiments de la nouvelle Bibliothèque, mais elle ne tarda pas à se rendre à discrétion.

A quelques pas de cette scène un autre combat était livré; les insurgés s'étaient barricadés dans l'église Saint-Séverin : ils en furent délogés par la garde mobile, commandée par le général Damesme; mais ce brave officier paya cher sa victoire : il reçut une blessure dangereuse à la jambe, et fut obligé de céder son commandement au colonel Thomas.

Il succomba plus tard à sa blessure.

Sur presque toute la rive gauche, l'insurrection était étouffée.

ASSASSINAT DU GÉNÉRAL DE BRÉA

ET DE SON AIDE-DE-CAMP.

Dans la soirée, M. le général de Bréa était venu offrir son épée au chef du pouvoir exécutif, et il avait reçu le commandement rendu vacant par la blessure du général Damesme.

Deux mille cinq cents insurgés gardaient la barrière d'Italie; c'était tout ce qui restait sur la rive gauche de la Seine. Le général de Bréa marcha contre eux; il franchit la grille de la barrière, accompagné de son aide-de-camp, le capitaine d'état-major Mangin. Ils furent saisis tous les deux, entourés et menacés de mort si un seul coup de feu était tiré. Le général fut sommé d'envoyer l'ordre à ses troupes de se retirer; il refusa.

Des pourparlers s'établirent entre le lieutenant-colonel Thomas et les insurgés, pour obtenir la délivrance des prisonniers; il leur fut accordé une demi-heure pour réfléchir.

Ce délai expiré, le brave colonel s'avança de nouveau, seul, vers la barrière; mais il fut reçu à coups de fusil. Il fit aussitôt accourir ses bataillons et enleva la position des insurgés. Mais, hélas! il ne trouva que les cadavres défigurés des malheureux officiers; ils avaient été massacrés et horriblement mutilés en son absence.

Assassinat du général Bréa et de son aide-de-camp.

Garde mobile prenant un drapeau.

TRAIT DE BRAVOURE D'UN GARDE MOBILE.

Pendant ce temps, le combat continuait sur la rive droite, où les généraux Lebreton et Lamoricière étaient chargés de la direction des opérations. Dans la journée du 23, après les combats des portes Saint-Denis et Saint-Martin, une affaire meurtrière avait eu lieu à la place Lafayette : elle ne produisit que la conquête de quelques pavés; les insurgés gardèrent toutes leurs positions dans ce quartier.

Le 24, la lutte recommença; une énorme barricade, élevée à l'extrémité du faubourg Poissonnière, fut enlevée vers quatre heures et demie du soir; mais les insurgés se réfugièrent dans le clos Saint-Lazare et dans les bâtiments de l'hospice de la République, et la nuit leur permit de reprendre leur position.

A quelques pas de là, un autre combat avait lieu contre des insurgés retranchés dans une maison en construction; le général de Bourgon y fut blessé mortellement.

Sur un autre point, le général Lamoricière attaquait l'insurrection avec une brillante témérité; mais il ne disposait que de forces insuffisantes, et ses succès se bornèrent à la prise de quelques barricades.

Dans l'un de ces combats, un jeune garde mobile, Martin, âgé de dix-huit ans, fit preuve d'une grande bravoure. Un drapeau rouge était placé sur une barricade défendue par de nombreux insurgés. Martin se précipite, escalade la barricade, enlève le drapeau à travers une grêle de balles, et rejoint sa compagnie.

Averti de cette noble action, le général Lamoricière l'envoya à l'Assemblée nationale. Le général Cavaignac lui posa lui-même sur la poitrine la croix de la Légion-d'honneur.

DÉVOUEMENT

DE MONSEIGNEUR L'ARCHEVÊQUE DE PARIS.

Le lendemain 25, le général Lamoricière avait reçu des renforts, et il était en état d'agir vigoureusement. A deux heures, il fait enfoncer à coups de canon la porte du bâtiment de la Douane, et se rend maître d'un grand nombre d'insurgés qui remplissent les cours. Il se dirige ensuite sur le faubourg du Temple; quelque temps après, toute résistance avait cessé sur ce point.

Cependant, des obus balaient le clos Saint-Lazare; le général Lebreton enlève les redoutables barricades de le barrière Rochechouart et de la barrière Poissonnière; l'insurrection, coupée en deux, rejetée d'un côté vers Montmartre, de l'autre vers la Villette et le faubourg du Temple, occupé déjà par le général Lamoricière, se disperse dans toutes les directions. La Chapelle et la Villette sont bientôt dégagées.

Alors, la résistance avait fléchi partout, sauf sur un seul endroit, le faubourg Saint-Antoine. Tous les efforts allaient désormais converger sur ce point; le général Lamoricière le menace du côté du faubourg du Temple; les généraux Perrot et Négrier sont sur la place de la Bastille: la défaite de l'insurrection est certaine. Un vénérable prélat, l'Archevêque de Paris, demande et obtient la permission de porter lui-même aux insurgés des exhortations à la soumission et des paroles de paix.

Mgr l'Archevêque de Paris.

Mort du général Négrier.

MORT DU GÉNÉRAL NÉGRIER.

L'Hôtel-de-Ville, le berceau révolutionnaire de Paris, était le point de mire de l'insurrection. Dans la journée du 23, et dans la nuit du 23 au 24, d'innombrables barricades s'élevèrent comme par enchantement dans toutes les petites rues de ce quartier, où le feu s'engagea avec une intensité effrayante. Il fallut recourir à l'emploi du canon; mais les maisons étaient devenues autant de redoutes meurtrières, et le général Duvivier ne réussit, dans toute la journée du 24, et malgré des pertes cruelles, qu'à déblayer les rues qui avoisinent l'église Saint-Gervais et la rue Saint-Antoine.

Son plan consistait à faire sa jonction avec le général Lamoricière sur la place de la Bastille; il avait déjà repris, le 25, son œuvre de la veille, quand il reçut au talon, aux environs de l'église Saint-Gervais, une blessure devenue plus tard mortelle. Le général Perrot le remplaça. Il avait encore à emporter dans la rue Saint-Antoine une trentaine de barricades; le soir il stationnait sur la place de la Bastille.

Le général Négrier, accompagné du représentant du peuple Charbonnel, débouchait presque en même temps sur la place, à la tête de troupes fraîches, par le boulevard Bourdon. Quelques coups de feu partirent des barricades à l'entrée du faubourg; le général Négrier fut tué; le représentant Charbonnel fut atteint d'une blessure qui l'emporta quelques jours après.

MORT DE Mgr L'ARCHEVÊQUE DE PARIS.

A côté de ces nobles trépas, un sacrifice plus douloureux et plus sublime encore allait s'accomplir : Mgr l'archevêque de Paris, accompagné de ses deux grands vicaires, arriva sur la place de la Bastille vers huit heures. Les troupes cessèrent le feu. On arracha une branche à un arbre du boulevard. Le vénérable pasteur, précédé de cet insigne de paix, pénètre dans les barricades. A peine a-t-il adressé aux insurgés quelques paroles, qu'un coup de feu, parti d'une fenêtre, l'atteint dans les reins. Il est relevé et porté chez le curé des Quinze-Vingts par les insurgés eux-mêmes.

Le faubourg Saint-Antoine est désormais sans autre défense que le désespoir de ceux qu'il renferme; cependant l'insurrection n'est pas abattue : elle veut bien se soumettre, mais c'est à la condition que le Gouvernement subira son ultimatum.

Ses propositions sont rejetées. Tandis qu'on fait d'immenses préparatifs d'attaque, on publie que les insurgés ont jusqu'à dix heures pour faire leur soumission.

Le temps s'écoule dans une attente fébrile. L'heure est sonnée; les insurgés n'ont pas cédé. Bientôt l'artillerie tonne, les obus éclatent; des pans de murs tombent, la charpente nue des maisons apparaît. Que le combat continue, et l'insurrection sera ensevelie sous les ruines du faubourg Saint-Antoine.

Mais le bruit cesse; un long cri électrique de bonheur parcourt tout Paris : le faubourg Saint-Antoine est soumis; la guerre civile est terminée!

Mort de Mgr l'archevêque de Paris.

Funérailles des victimes de juin. La messe aux Champs-Élysées.

FUNÉRAILLES DES VICTIMES DE JUIN.

LA MESSE AUX CHAMPS-ÉLYSÉES.

La République était sortie triomphante de la plus formidable insurrection qui ait jamais rougi de sang les pavés de Paris. Mais combien de victimes étaient à regretter ! Aucun assaut contre des places fortes ou des redoutes n'avait coûté autant de monde, au dire des vieux militaires eux-mêmes, que la prise des barricades dans ces terribles journées. Sur douze généraux qui avaient exercé un commandement, neuf avaient été frappés, le plus grand nombre mortellement.

Une cérémonie funèbre en l'honneur des victimes de ces jours néfastes eut lieu le jeudi 6 juillet, à dix heures du matin, sur la place de la Concorde. Un autel avait été dressé dans ce but à l'entrée de la grande avenue des Champs-Élysées. Le cortége se dirigea ensuite vers l'église de la Madeleine, où des ecclésiastiques, membres de l'Assemblée, célébrèrent un service auquel assistèrent un certain nombre de leurs collègues, des députations de l'armée, de la garde nationale sédentaire et mobile, de la garde républicaine et de tous les corps constitués.

Le palais de l'Assemblée, l'église de la Madeleine, les portes Saint-Denis et Saint-Martin, étaient tendus de grandes draperies noires, sur lesquelles on lisait ces mots : *Liberté*, *Égalité*, *Fraternité*.

FUNÉRAILLES DE Mgr L'ARCHEVÊQUE DE PARIS.

LA CHAPELLE ARDENTE.

La blessure qu'avait reçue Mgr l'archevêque de Paris était mortelle; il succomba à l'Archevêché, après deux jours des plus cruelles souffrances, martyr à-la-fois de la religion et du patriotisme. Sur son lit de douleur, vainqueurs et vaincus lui apportèrent, du fond du cœur, leur tribut d'admiration et de sympathie.

Le 7 juillet, à neuf heures, le clergé du diocèse, les prêtres des communautés ecclésiastiques et des séminaires, se rendirent processionnellement à la chapelle ardente établie dans le palais archiépiscopal.

L'archevêque, revêtu de ses habits pontificaux, coiffé de la mitre, le visage découvert, fut placé sur une litière, portée sur l'épaule par des gardes nationaux en uniforme; le convoi se mit en marche, précédé par un détachement de dragons; les cordons du poêle étaient tenus par quatre évêques; un cinquième officiait.

Le cortége suivit processionnellement les rues Saint-Louis-en-l'Ile, des Deux-Ponts, le quai de la Grève; pénétra dans la Cité par le pont Notre-Dame, et fit son entrée dans l'église métropolitaine par la place du Parvis-Notre-Dame, à onze heures.

Après le service funèbre, le corps resta exposé jusqu'au soir, à sept heures, pour être descendu ensuite dans le caveau des archevêques de Paris.

Funérailles de Mgr l'Archevêque de Paris. La chapelle ardente.

UN DÉPART DE TRANSPORTÉS.

Le même décret qui avait délégué au général Cavaignac tous les pouvoirs exécutifs avait déclaré Paris en état de siége. L'instruction contre les prévenus, et ils étaient nombreux après une insurrection aussi générale, était confiée aux conseils de guerre. Pour éviter les lenteurs de la procédure, l'Assemblée nationale décréta, dès le 27 juin, que tout individu qui serait reconnu avoir pris part à l'insurrection serait transporté, par mesure de sûreté générale, c'est-à-dire sans jugement, dans les possessions françaises d'outre-mer. Des commissions militaires spéciales furent nommées pour procéder à l'instruction.

Un premier convoi de transportés partit dans la nuit du 5 août pour le Hâvre. Les prisonniers arrivèrent dans des voitures cellulaires vers dix heures du soir à la station d'Asnières. Une force armée imposante, des agents du service de sûreté, la présence de M. le préfet de police indiquaient les précautions prises pour les recevoir et empêcher toute évasion.

Ils étaient attachés par les mains trois par trois. On remarquait parmi eux des bourgeois, des gardes nationaux encore revêtus de leur uniforme, quelques gardes mobiles, des vieillards et des enfants. La tenue soignée de quelques-uns contrastait avec le débraillé, la chevelure en désordre, la barbe inculte, de leurs compagnons d'exil.

Un départ de Transportés.

Une séance d'un Conseil de guerre.

UNE SÉANCE D'UN CONSEIL DE GUERRE.

Parmi les nombreux accusés de l'insurrection de Juin, entassés dans les forts qui entourent la capitale, le plus grand nombre avaient été entraînés, les uns par la misère, les autres par les prédications anarchiques des clubs ou des journaux. La transportation, mesure transitoire exigée par les circonstances, et dont il serait toujours facile d'adoucir les rigueurs et d'abréger la durée, conciliait les droits de l'humanité et de la justice. Mais pour les chefs, les fauteurs de la guerre civile, pour ceux-là qui n'avaient pas craint, pour la satisfaction d'une misérable ambition, de faire couler le sang de leurs frères dans une lutte impie, la justice des conseils de guerre devait suivre son cours.

A l'exception de quelques-uns, qui osèrent s'en faire un titre de gloire, presque tous rejetèrent sur la violence leur participation à l'insurrection. La plupart, officiers de la garde nationale, avaient été forcés de se joindre à l'émeute, lorsqu'ils allaient se mettre à la tête de leurs compagnies; le désir de maintenir le bon ordre, de protéger les propriétés publiques ou privées, les avait ensuite fait rester parmi les insurgés.

La justice a prononcé sur le sort de tous. Aujourd'hui que, par la proclamation du président de la République, la France vient de clore sa révolution, espérons qu'une généreuse amnistie ne tardera pas à faire disparaître jusqu'au souvenir de nos discordes civiles!

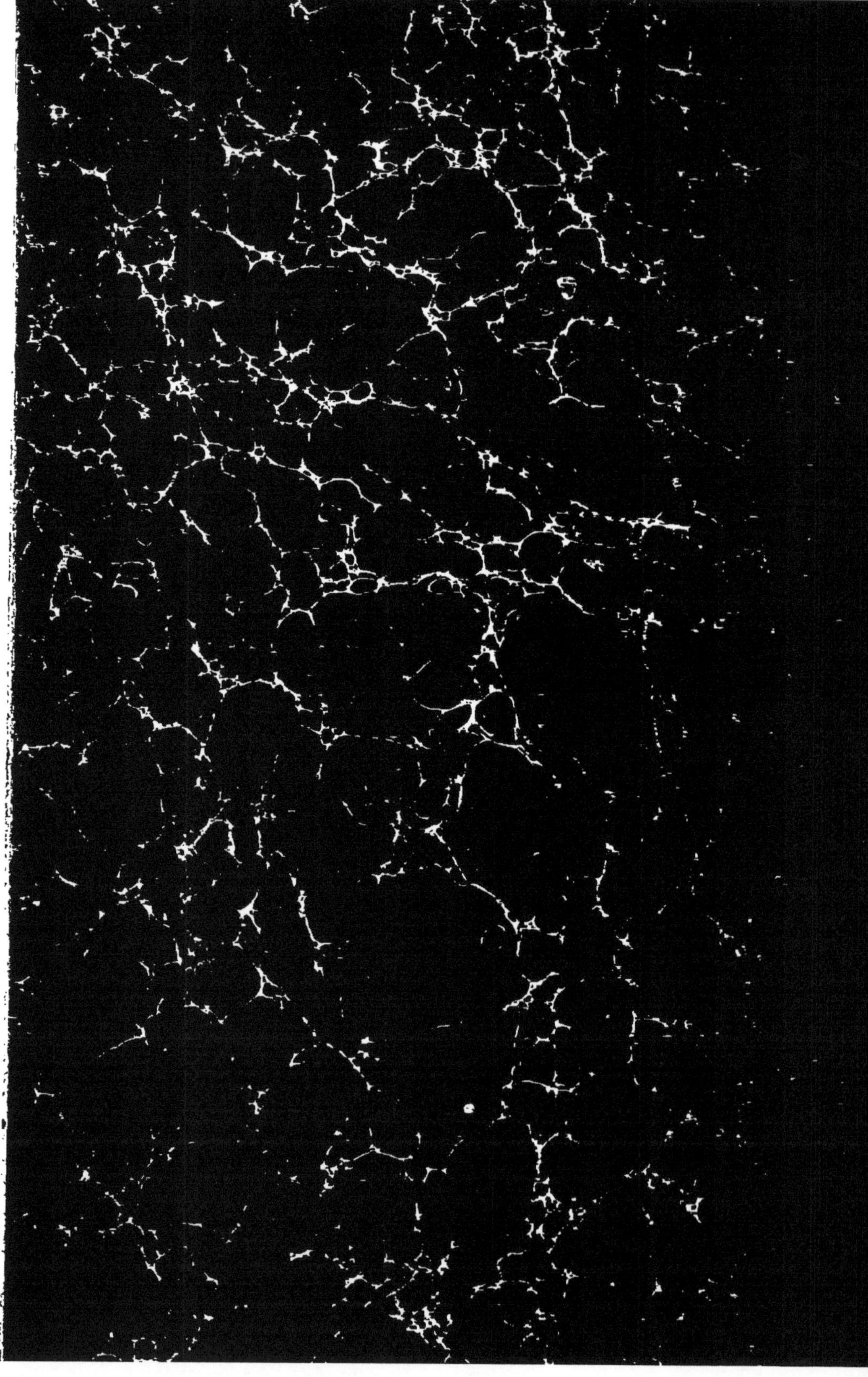

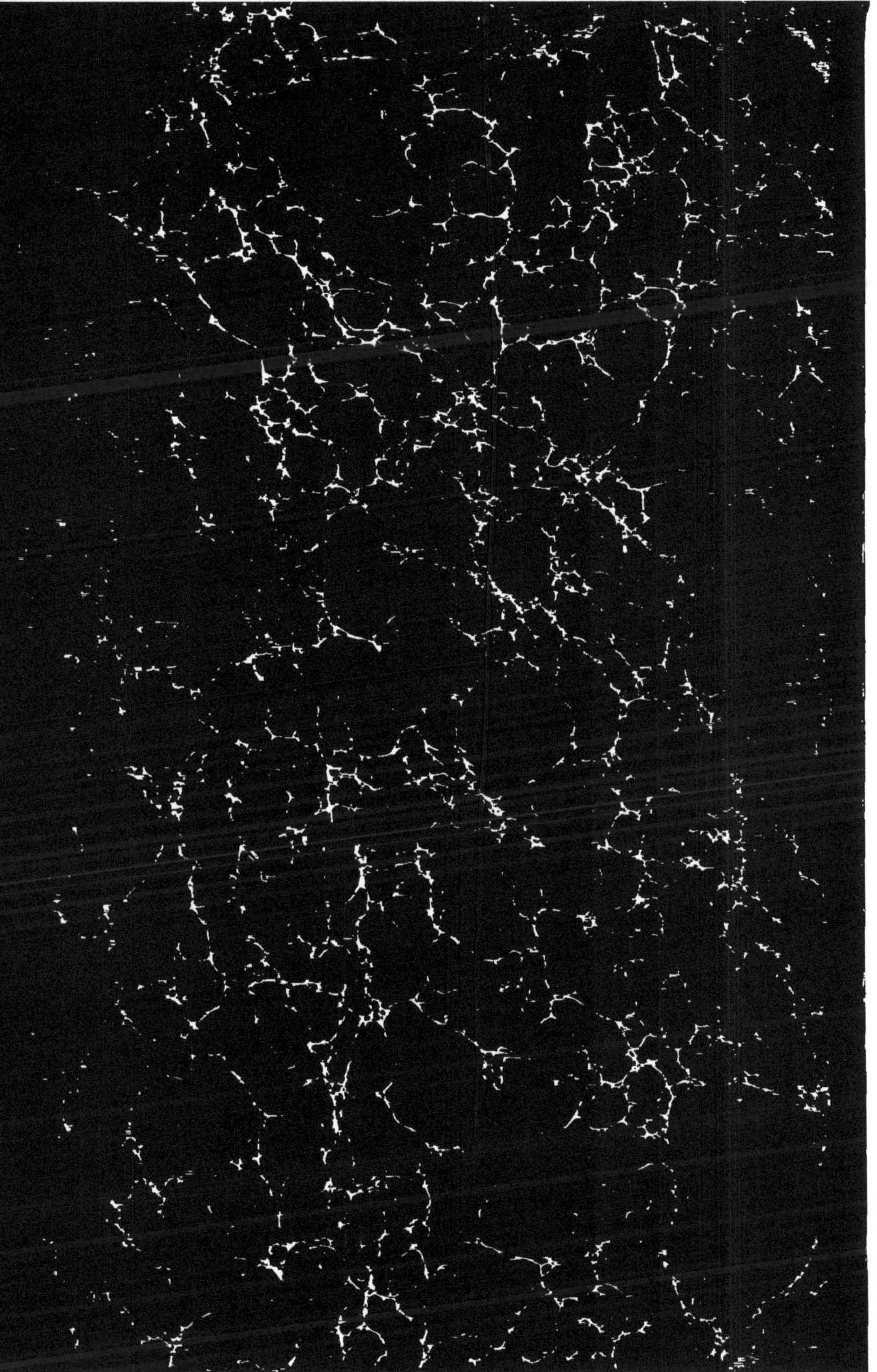

www.ingramcontent.com/pod-product-compliance
Ingram Content Group UK Ltd.
Pitfield, Milton Keynes, MK11 3LW, UK
UKHW020228220726
13923UKWH00002B/560

9 782019 623616